Tamara Rachbauer

Einsendaufgabe im Modul Betriebssysteme I

Tamara Rachbauer

Einsendaufgabe im Modul Betriebssysteme I

GRIN Verlag

Bibliografische Information der Deutschen Nationalbibliothek: Die Deutsche Bibliothek
verzeichnet diese Publikation in der Deutschen Nationalbibliografie; detaillierte bibliografische Daten sind im Internet über http://dnb.d-nb.de/ abrufbar.

1. Auflage 2007
Copyright © 2007 GRIN Verlag
http://www.grin.com/
Druck und Bindung: Books on Demand GmbH, Norderstedt Germany
ISBN 978-3-656-99405-3

Name, Vorname: Rachbauer Tamara

Fachbereich: Medieninformatik (BA)

Modul: Betriebssysteme I

Semester: WS 2006/2007

MD.H
MEDIADESIGN • HOCHSCHULE
FÜR
DESIGN
UND
INFORMATIK
UNIVERSITY OF
APPLIED
SCIENCES

Einsendaufgabe

Im Modul „Betriebssysteme I"

Fachbereich: Medieninformatik (BA)

vorgelegt von: **Tamara Rachbauer**

im Wintersemester 2006/2007

am 23.01.2007

Inhaltsverzeichnis

1.   Aufgabe 1

Eine wichtige Aufgabe von Betriebssystemen ist es, dem Anwender die quasi gleichzeitige Benutzung mehrerer Anwendungsprogramme zu ermöglichen.

1.1   Nennen Sie Verfahren in Betriebssystemen, die diese (quasi) gleichzeitige Benutzung von Anwendungsprogrammen ermöglicht.

Multiprogramming
das kooperative oder non-preemptive Multitasking
das preemptive Multitasking
Multithreading

1.2   Schildern Sie kurz, wie diese Verfahren grundsätzlich funktionieren! Was sind Vor- und Nachteile dieser Verfahren?

Multiprogramming:

Vorläufer des Multitasking ist die Multiprogrammierung (englisch Multiprogramming). Wenn ein Programm auf eine Ein-/Ausgabe wartet, wurde ein anderes Programm von der CPU bedient.

Bei der Multiprogrammierung findet der Kontextwechsel der Programme mit dem Zugriff auf periphere Geräte statt, da dabei zwangsläufig Wartezeit entstand. Erste Ansätze basieren auf dem Konzept von Christopher Strachey aus 1959.

Beim Multiprogramming bestand aber nach wie vor wie bei der Stapelverarbeitung das Problem, dass vom Einspielen des Programms und der Daten bis zum Erhalt der Ausgabedaten mehrere Stunden vergehen konnten. [Prof. Dr. Pluemicke (2003)]

Das „kooperative" Multitasking

Beim kooperativen Multitasking ist es jedem Prozess selbst überlassen, wann er die Kontrolle an den Kern zurückgibt. Das Umschalten von einer Task auf die andere erfolgt immer durch die aktive Task selbst, und zwar indem sie ins Betriebssystem springt und damit die CPU freigibt.

Es hat den Nachteil, dass Programme, die nicht kooperieren, nicht mehr ins Betriebssystem zurückkehren beziehungsweise Fehler enthalten, das gesamte System blockieren bzw. zum Stillstand bringen können. [vgl. Wikipedia (2007)]

Das „preemptive" Multitasking:

Die heutzutage am häufigsten angewendete Methode ist das präemptive Multitasking, bei dem der Betriebssystemkern die Abarbeitung der einzelnen Prozesse steuert und jeden Prozess nach einer bestimmten Abarbeitungszeit zu Gunsten anderer Prozesse anhält. Eine beliebte Umsetzung des präemptiven Multitaskings ist die Verwendung einer Vorrangwarteschlange in Verbindung mit der Round-Robin-Scheduling-Strategie. Dabei spricht man auch von so genannten „Zeitscheiben", das heißt, jedem Prozess wird (absolut oder pro definierter Zeiteinheit) abhängig von dessen Rechenaufwand ein bestimmter Prozentteil dieser Zeit zugewiesen. Hardwareseitig wird preemptives Multitasking durch einen Zeitgeber realisiert, der regelmäßig ein Signal (Interrupt) an die CPU schickt, was sie zur Ausführung eines Schedulers veranlasst. Dieser unterbricht die Prozesse, übernimmt nötige Verwaltungsaufgaben (eventuell Swapping) und gibt die Kontrolle wieder an einen der Prozesse zurück. Moderne Betriebssysteme arbeiten darüber hinaus mit einem Speicherschutz, der verhindert, dass verschiedene Prozesse sich gegenseitig beeinflussen. Voraussetzung dafür sind CPU-Funktionen zur Virtualisierung des Hauptspeichers und verschiedene Berechtigungslevel (Ringe) oder auch Modi (Kernel-Mode oder User-Mode) für Prozesse.

Beim preemptiven Multitasking kann eine Task das gesamte System nun nicht mehr blockieren, da die Taskumschaltung automatisch durch den Dispatcher erfolgt. [vgl. Wikipedia (2007)]

Das Multithreading:

Multithreading kann man umgangssprachlich mit "Multitasking auf die Spitze getrieben" beschreiben. Bezeichnet Multitasking die parallele Verarbeitung verschiedener Programme, so steht Multithreading für die parallele Verarbeitung verschiedener Programmfäden innerhalb eines Programms. Als Beispiel ist folgendes denkbar: Man startet eine komplizierte Datenbankabfrage, die anschließend im Hintergrund abläuft. Im Vordergrund befasst man sich "parallel" mit der Gestaltung einer Rechnung oder eines Geschäftsbriefes.

Meist ist mit dem Begriff das softwareseitige Multithreading gemeint, bei dem in aller Regel nur ein Prozessor beteiligt ist. Die dann vorhandene scheinbare Gleichzeitigkeit wird in Wirklichkeit durch geschickte Programmierung erzeugt. Einzelne Threads eines Prozesses/Tasks können sehr schnell auf zeitkritische Ereignisse reagieren, während andere Threads langwierige Berechnungen durchführen. Nachteil: Ohne weitere Hardware-Unterstützung reduziert das Multithreading die Gesamtsystemleistung durch den bei Threadwechseln entstehenden Overhead. Deshalb wird der Programmierer die Anzahl der Threadwechsel möglichst gering halten.

Bei Multitasking wird die Nebenläufigkeit mehrerer Prozesse gefordert, während sich Multithreading auf die Nebenläufigkeit von Bearbeitungssträngen innerhalb eines Prozesses bezieht.

[vgl. Wikipedia (2007 a)]

1.3   Benennen Sie für jedes der von Ihnen genannten Verfahren ein Beispiel-Betriebssystem!

Das kooperative oder non-preemptive Multitasking:

Bis WINDOWS 3.xx war WINDOWS und Mac OS war bis Version 9 ein reines non-preemptives Multitasking-System.

Das preemptive Multitasking:

Ab WINDOWS 95 (und WINDOWS NT/2000 sowieso) ist WINDOWS ein preemptives Multitasking-System. MS Windows 95/98/ME/NT/2000/CE/XP, UNIX/Linux, IBM, OS/390, OS/400, OS/2, BS2000, OpenVMS, VxWorks, VRTX, LynxOS, Enea

Das softwareseitige Multithreading

Linux vor Kernel Version 2.6, realisieren Multithreading innerhalb des Multitasking

Windows und Windows NT, Microsoft Windows Server, Linux

2.   Aufgabe 2

Betriebssysteme, die den Umgang mit digitalen Medien besonders gut unterstützen, werden oft als „Multimediabetriebssysteme" bezeichnet.

2.1   Nennen Sie sechs Betriebssysteme, die als Multimediabetriebssysteme bezeichnet werden können

1. Debian Multimedia Distribution (DeMuDi)
2. MacOS X Tiger
3. BeOS
4. ZETA
5. Linux
6. WindowsXP (Media Center Edition):

2.2   Wie unterstützen diese Betriebssysteme den Umgang mit digitalen Medien, welche Merkmale dieser Betriebssysteme sind dafür verantwortlich?

Debian Multimedia Distribution (DeMuDi)

DeMuDi steht für Debian Multimedia Distribution. Die **Debian Multimedia Distribution** ist eine Zusammenstellung Freier Software auf Basis von Debian Linux, die speziell auf Multimediaanwendungen ausgerichtet ist. Sie wurde im Rahmen des AGNULA-Projekts (Akronym für "A GNU/Linux Audio Distribution") von der EU gefördert. Derzeit muss man in Multimedia-Umfeld noch häufig nach Hardwaretreibern suchen oder sich seine Programme selber kompilieren. Doch damit soll jetzt Schluss sein. Neben Softwarelösungen wie Synthesizern, Audiorecordern, MIDI und DSP Applikationen oder Mixern werden Skripten mitgeliefert, die einem die einfache Installation von Audio Treibern ermöglichen. Alle bekannten Multimedia Applikationen sollen enthalten sein, wobei der Schwerpunkt bei den Audiotools liegt. [Debian (2001)]

MacOS X Tiger

bietet breite Multimedia-Unterstützung. Sobald z.B. ein Digital-Fotoapparat an den USB-Anschluß angesteckt wird, startet automatisch ein Programm, das die Fotos von der Speicherkarte in ein bestimmtes Verzeichnis der Festplatte kopiert. Das Brennen

von Daten-CDs und Daten-DVD-Rs ist direkt aus dem Finder möglich (Drag

&Drop), Weitere Unterstützungen: ein PDF-basiertes Quartz Compositing-System,

QuickTime 7 mit dem hochwertigen H.264 Video-Codec bis hin zu den ColorSync,

Core Audio und Core Image, um Desktop-Grafiken und Medien völlig neu zu defi-

nieren. [Apple (2007)]

BeOS:
Im Jahr 1998 präsentierte sich BeOS mit dem Intel-Port als komplett neues,
multimediataugliches Betriebssystem. Es wurde vom Hersteller auch in späteren Re-
leases häufig aufgrund seiner Multimedia-Fähigkeiten als "Media OS" bezeichnet.
Der Grund ist eine überzeugende 64-Bit-Systemarchitektur, die zu sehr guten Leis-
tungen bei allen Arten von Multimediaaufgaben führt. Möglich wird diese Leistungs-
fähigkeit durch einen von Anfang an konsequent auf solche Anwendungen ausgeleg-
ten Systemaufbau. Performancebremsen durch Abwärtskompatibilität gibt es bei Be
OS nicht. Dementsprechend läuft Be OS auch erst auf Prozessoren der Pentium-
Generation. BeOS ist optimal für den Umgang mit großen Datenmengen ausgelegt.
Deswegen eignet es sich hervorragend für Multimedia-Anwendungen wie Video und
Audio Processing sowie Raytracing. Durch seine strukturbedingte kurze Reaktions-
zeit von 250 Mikrosekunden zwischen einzelnen Threads eignet es sich besonders
für zeitkritische Aufgaben wie die Aufnahme von Videos in Echtzeit. Der Zugriff auf
Dateien selbst über die entsprechenden Schnittstellen dauert unter 10 Millisekunden,
abhängig von der verwendeten Hardware. BeOS ist besonders Plug&Play fähig, nach
dem Einbau neuer Hardware muss nur der entsprechende Treiber in das
"/boot/home/config/" Verzeichnis kopiert werden und schon ist der Treiber installiert. Das Objektorientierte Design erlaubt es weiterhin, ohne kompletten Neustart
den Treiber zu aktivieren. Während des Betriebes wird nur die Mediakomponente in
wenigen Sekunden neu gestartet. [Wikipedia (2007 b)]

ZETA 1.21 Live-CD

Das Team um Herrn Bernd T.Korz entwickelte in nur vier Jahren ein komplett neues

Multimedia- Betriebssystem auf der Basis von BeOS. Ende 2004 wurde das erste

marktreife ZETA vorgestellt und gewann direkt auf der IT- und Kommunikations-

messe "SYSTEMS" den ersten Innovation-Area-Award. Seit 2006 wird ZETA von

magnussoft vertrieben. ZETA ist mit einer gerade mal 640 KB großen Kernel und

einem 64 Bit Journaling FileSystem ein recht zügiges Betriebssystem. Mehr als 600

Programme, inkl. Office-Paket (Word-, Excel kompatibel), Grafik-, Brennsoftware,

PDF-Writer, Internetbrowser, Mediaplayer, Videoschnitt-Software und vieles mehr sind in diesem Betriebssystem enthalten. ZETA ist zudem multilingual und kann in wenigen Schritten umgestellt werden. [Wikipedia (2007 c)]

Linux:

Der Umgang mit gängigen Musik-Formaten ist kein Problem. Es existiert eine Reihe von weit entwickelten Musik-Abspielprogrammen unter Linux, die neben der Unterstützung verschiedener Musik-Formate noch mit einer ganzen Reihe komfortabler Extras aufwarten können. Eines der bekanntesten Beispiele ist dabei Amarok. Es gibt es ebenfalls Linux-Versionen der weit verbreiteten Programmen wie dem RealPlayer und dem VideoLAN-Player. Hinzu kommen einige in erster Linie für Linux programmierte Softwareprojekte. Zu nennen sind hier vor allem die Programme MPlayer und Xine, die es auch ermöglichen, Videos in Formaten wie WMV, ASF und ähnlichen abzuspielen, wofür teilweise Windows-Programmbibliotheken eingesetzt werden. Im Bereich professioneller Multimedia-Bearbeitung: Mit dem JACK Audio Connection Kit steht unter Linux eine spezielle Sound-Architektur zur Verfügung, die besonders niedrige Latenzzeiten bietet. Sie wird von Programmen wie Ardour genutzt. In der Filmbranche erfreut sich Linux besonderer Beliebtheit: die Spezialeffekte vieler Filme wurden mit Hilfe von Linux-Rechnerverbünden gerendert. So hat beispielsweise das häufig unter Linux eingesetzte Programm CinePaint bei der Erstellung von Filmen wie den Harry Potter-Verfilmungen geholfen. [Wikipedia (2007 d)]

WindowsXP (Media Center Edition mit spezieller Multimedia Hardwareunterstützung):

XP steht dabei für *„eXPerience"* (engl. für Erfahrung, Erlebnis).

Die *„Media Center Edition"* basiert ebenfalls auf der „Professional Edition" und enthält spezifische Erweiterungen für auf multimediale Inhalte sowie deren Wiedergabe spezialisierte Computer, die in der Regel mit einer TV-Karte ausgestattet sind. Augenscheinlichstes Merkmal ist die Möglichkeit der vereinfachten Bedienung durch Darstellung auf einem normalen Fernsehapparat und Steuerung mittels Fernbedienung. Microsoft versucht damit, die Lücke zwischen reinem Computer und Media-Center-Computer für das Wohnzimmer zu schließen. Die XP Media Center Edition

2005 (Codename Symphony) unterstützt zwei TV-Tuner, kann DVDs brennen, ist für HDTV über Antenne vorbereitet und kann mit Kabel-TV und - neu - auch mit Satellitenempfang umgehen. Microsoft hat außerdem das Benutzer-Interface überarbeitet. Der neue Media Center Extender steht für die drahtlosen Kapazitäten des Betriebssystems. Bis zu fünf TV-Geräte lassen sich mit dem Extender drahtlos ansteuern. Benutzer könne zudem über das TV-Gerät Instant Messages via MSN austauschen. [Wikipedia (2007 e)]

2.3 Welche Werkzeuge zur Bearbeitung digitaler Medien werden von den Betriebssystemen bereits mitgeliefert – nennen Sie für die unter 2.1 benannten Betriebssysteme jeweils mindestens zwei Beispiele?

Debian Multimedia Distribution (DeMuDi)
Mediaplayer, MP3-Editoren, Aufnahmesoftware usw.

MacOS X:
iDVD, iTunes ; mit iMovie

BeOS:
Browser NetPositive, einen Medienplayer (MediaPlayer), einen Bildbetrachter (ShowImage), ein e-Mail-Programm (BeMail) und einen Webserver (PoorMan).

ZETA:
Grafik-, Brennsoftware, PDF-Writer, Internetbrowser, Mediaplayer, Videoschnitt-Software

Linux:
In jeder Software-Gattung finden sich mehrere Alternativen. Für den multimedialen Auftritt sorgen die Videoschnitt-Software Main Actor 5 als Demoversion, der Sound-Editor Sweep und das Drum-Computer-Tool Hydrogen. Musik-Abspielprogrammen unter Linux z.B. Amarok. Videoabspielsoftware wie MPlayer und Xine

WindowsXP (Media Center Edition):

Media Player 8 bzw. 9/10 und Internet Explorer 6, Audiorecorder, CD-Player

Aufgabe 3

Wichtige Kriterien für moderne Betriebssysteme für Heimanwender sind u. a.

• Mehrbenutzerfähigkeit,

• Gute Benutzerführung, Übersichtlichkeit bei der Verwaltung der vom Benutzer erzeugten Daten,

• Breite Unterstützung von Anwendungsfeldern für Anwendungsprogramme,

• Multimedia-Unterstützung,

• Unterstützung von möglichst vielen Peripheriegeräten und

• Unterstützung vieler Netzwerkplattformen.

3.1   Wählen Sie zwei Beispiele von Betriebssystemen aus, die im letzten Jahr erschienen sind oder in naher Zukunft erscheinen werden!

1. Mac OS X Tiger
2. Windows Vista

3.2   Definieren Sie typische Anwendungsfelder für Anwendungsprogramme für Heimanwender!

- Im Internet Surfen – Browser wie Internet Explorer, Firefox
- Email Schreiben – Mail Clients wie Outlook, MozillaMail
- Musik hören – wie Real Player, Windows Media Player, Power DVD
- Filme anschauen – Videosoftware wie Quick Time, Windows Media Player, Real Player
- CDs bzw. DVDs (Daten, Musik, Filme, Fotos) brennen – Brennprogramme wie Nero
- Heimvideos bearbeiten – Filmschnittsoftware wie Adobe Premiere
- Bildbearbeitung von privaten Fotos – Grafikbearbeitungssoftware wie Photoshop, Gimp, Corel Photo Draw

3.3   Untersuchen Sie die ausgewählten Betriebssysteme bezüglich der oben genannten Kriterien! Benennen Sie dabei, welche Teile, Elemente, Dienst-

programme oder mitgelieferte Anwendungsprogramme für das Erfüllen dieser Kriterien verantwortlich sind und werten Sie, in welchem Maße sie das tun!

Microsoft Windows Vista

• Zum Punkt: Gute Benutzerführung, Übersichtlichkeit bei der Verwaltung der vom Benutzer erzeugten Daten gehören laut [Microsoft: (2007)] die folgenden Features

Benutzerumgebung

Windows Vista bietet eine völlig neue Benutzerumgebung und erleichtert das Anzeigen, Suchen und Organisieren von Informationen, sodass Sie stets den Überblick über Ihre Daten behalten.

Die visuelle Ausgereiftheit von Windows Vista ermöglicht eine bessere Computernutzung durch die Optimierung allgemeiner Fensterelemente, damit Sie sich besser auf die Inhalte auf dem Bildschirm ungeachtet des Zugriffs konzentrieren können. Die Desktopumgebung bietet hilfreichere Informationen und kann intuitiver bedient werden. Neue Tools steigern die Übersichtlichkeit der Informationen auf dem Computer, sodass Sie den Inhalt von Dateien erkennen können, ohne diese zu öffnen, Anwendungen und Dateien sofort finden, effizienter zwischen geöffneten Fenstern wechseln und Assistenten und Dialogfelder besser nutzen können.

Benutzerfreundlichkeit

Wenn Sie anfangen, mit Windows Vista zu arbeiten, erkennen Sie vertraute Elemente wie das Menü "Start", das beschleunigt und optimiert wurde und hilfreicher als in bisherigen Versionen von Windows ist. Das Menü "Start" bietet eine integrierte Desktopsuche über die neue Schnellsuchfunktion, mit deren Hilfe Sie alle Dateien und Anwendungen auf dem PC finden bzw. öffnen können. Sie müssen nur einen Begriff, einen Namen oder eine Wortfolge eingeben, woraufhin die Schnellsuchfunktion sofort die gewünschte Datei findet. Darüber hinaus vereinfacht das neue Startmenü auch die Navigation durch alle auf dem PC installierten Anwendungen. Durch die Entfernung der langsam aufklappenden Ansicht "Alle Programme" können Sie über das neue Startmenü eine gewünschte Anwendung so schnell wie noch nie starten.

Explorer

Die neuen Explorer sind leistungsstarke und dennoch benutzerfreundliche Tools für ein vereinheitlichtes Arbeiten mit Dateien unter Windows Vista. Die Explorer bieten Ihnen ein Mehr an Informationen und Steuerung und vereinfachen gleichzeitig das Arbeiten mit Dateien. Die Umgebung ist übersichtlich und einheitlich unabhängig davon, ob Sie nach Fotos oder Dokumenten suchen oder die neue Systemsteuerung verwenden.

Die Hauptelemente der Explorer unter Windows Vista sind so gestaltet, dass Sie die benötigen Informationen zum gewünschten Zeitpunkt finden. Die Schnellsuche steht stets bereit, damit Sie Dateien unmittelbar finden können. Der Navigationsbereich enthält die neue Windows Vista-Suchordnerfunktion sowie herkömmliche Ordner, die Sie auf dem Computer erstellt haben. Auf Befehlsleisten werden nur die Aufgaben angezeigt, die für die angezeigten Dateien am geeignetsten sind. Mit Hilfe der neuen Live-Symbole (skalierbare Miniaturansichten) in Windows Vista können Sie die erste Seite von Dokumenten, den Inhalt eines Fotos oder das "Cover" einzelner Songs in Ihrer Musiksammlung anzeigen, sodass Sie das gesuchte Element einfacher finden können.

Windows Aero

Windows Vista ist das erste Windows-Betriebssystem mit einer Benutzerumgebung, die mühelos an die Hardwaremöglichkeiten des Computers angepasst werden kann, auf dem sie installiert ist. Auf allen Computern, welche die Mindestanforderungen an die Hardware erfüllen, wird die Basisbenutzerumgebung von Windows Vista angezeigt, in der Sie die bereits erwähnten optimierten Oberflächenfunktionen finden.

Windows Aero ist eine Umgebung mit einem zusätzlichen Grad an visueller Ausgereiftheit, die reaktionsschneller und verwaltbarer ist und Windows-Benutzern mehr Übersichtlichkeit und Benutzerfreundlichkeit bietet.

Live-Miniatursichten auf Taskleisten

Wird der Mauszeiger auf einem Taskleistenelement belassen, erscheint eine Live-Miniaturansicht des Fensters samt Inhalt. Die Live-Miniaturansicht wird unabhängig davon angezeigt, ob das Fenster minimiert ist oder nicht und ob der Inhalt des Fensters ein Dokument, Foto oder gar ein laufendes Video bzw. ein laufender Prozess ist.

Windows Flip und Windows Flip 3D

Windows Vista bietet zwei völlig neue Funktionen zum Verwalten von Fenstern: Windows Flip und Windows Flip 3D. Mit "Flip" können Sie (über ALT+TAB) von einem geöffneten Fenster zum nächsten wechseln, wobei für jedes Fenster eine Live-Miniaturansicht anstatt eines allgemeinen Symbols mit einem Dateinamen angezeigt wird. Mit Hilfe von Live-Miniaturansichten können Sie das gewünschte Fenster schnell ermitteln, insbesondere wenn mehrere Fenster desselben Typs geöffnet sind. "Flip 3D" ermöglicht das Verwenden des Bildlaufrads der Maus zum Sichten mehrerer geöffneter Fenster und anschließenden Auswählen des gewünschten Fensters.

[Bewertung: Die Verbesserung der Benutzerfreundlichkeit hört und sieht sich viel versprechend an. Zum Teil sind es zwar nur Spielereien und ein aufgemotztes Design, das aber sehr ansprechend ist]

Sicherheit

Windows Vista bietet verschiedene neue Sicherheitsfeatures, die gemeinsam dafür sorgen, dass PCs mit Windows Vista geschützter online gehen können. Diese Verbesserungen sorgen für Folgendes:

1. Einen PC, der gegen Viren, Würmer, Spyware und andere möglicherweise unerwünschte Software geschützt ist
2. Eine sicherere Onlineumgebung für Sie und Ihre Familie
3. Eine Warnung, wenn Ihr PC ungesichert ist, und Anleitungen zum Verbessern der Sicherheit

Benutzerkontoschutz (User Account Control)

Der neue Benutzerkontoschutz unter Windows Vista ermöglicht eine Abwägung zwischen der Flexibilität und dem Berechtigungsumfang eines Administratorkontos und der Sicherheit eines Standardbenutzerkontos.

Aktivitäten wie das Surfen im Web, das Senden von E-Mail und das Verwenden von Produktivitätsprogrammen erfordern keine besonderen administrativen Berechtigungen. Windows Vista erleichtert die produktive Ausführung dieser Aktivitäten mit Hilfe von Standardbenutzerkonten.

Wenn Sie eine administrative Aufgabe ausführen möchten, wie z. B. die Installation eines neuen Programms, fordert Windows Vista Sie zur Bestätigung auf, dass Sie das Programm installieren möchten, bevor Sie diese administrative Aufgaben ausführen können. Auf diese Weise wird die Verwendung von Administratorberechtigungen minimiert, wodurch es für bösartige Software (Malware) wie Viren, Würmer, Spyware und andere potenziell unerwünschte Programme schwieriger wird, den PC weit reichend zu befallen.

Der Benutzerkontoschutz dient auch dem Schutz der Computer von Familienmitgliedern vor Malware. Malware ist häufig in Programmen versteckt, die für Kinder reizvoll sind. Um Ihren Computer abzusichern, können Sie für Ihre Kinder Standardbenutzerkonten erstellen. Wenn Ihr Kind versucht, eine Softwarekomponente zu installieren, fordert das System die Eingabe des Kennworts eines Administratorkontos an. Dadurch können Ihre Kinder neue Programme nicht selbständig installieren.

Besserer Schutz vor Malware

Malware wie Viren, Würmer, Spyware und andere möglicherweise unerwünschte Software kann viele Probleme verursachen, wie z. B. den Diebstahl persönlicher Informationen, das Ausbremsen der PC-Leistung und die Anzeige unerwünschter Werbung (Pop-Up-Anzeigen). Die Auswirkungen von Malware können vom bloßen Ärgernis bis zu einem signifikanten Problem reichen, die zeit- und kostenaufwändig behoben werden müssen.

Für Microsoft besteht der beste Ansatz im Unterbinden von Malware im Zusammenspiel verschiedener Sicherheitsfeatures. Windows Vista bietet viele Sicherheitsfeatures, welche die Installation von Malware verhindern und der Suche und Entfernung von Malware dienen, sollte sich diese bereits installiert haben:

- Über "Automatische Updates" und das Windows Security Center können Sie Ihren PC mit den neuesten Sicherheitspatches auf dem neuesten Stand halten und Warnungen erhalten, wann auf Ihrem PC ein Update installiert werden muss.

- Die Windows Vista-Firewall sorgt für einen Schutz vor Hackern, Viren und Würmern, die versuchen, aus dem Internet auf Ihren Computer zu gelangen.
- Der Windows-Defender schützt Sie vor Spyware und anderer möglicherweise unerwünschter Software.
- Und das Windows-Tool zum Entfernen bösartiger Software durchsucht Ihren PC regelmäßig auf bekannte weit verbreitete Viren. (Dieses Tool ist keine Komponente von Windows Vista, sondern kann gratis von der Microsoft-Website herunter geladen werden.)

Zusätzlich zu diesen integrierten Windows Vista-Features sollten Sie auf dem Computer eine Virenschutzsoftware wie Windows OneCare oder eine Virenschutzlösung eines Partners von Microsoft aktivieren. Unabhängig von der gewählten Lösung müssen Sie Ihre Virenschutzsoftware regelmäßig aktualisieren. Diese Aktualisierungen werden von den meisten Herstellern von Virenschutzsoftware als Abonnements bereitgestellt.

Im Zusammenspiel können diese Tools Ihren PC vor bösartiger Software schützen.

[Bewertung: Gerade im Sektor Sicherheit kann Microsoft nicht genügend Verbesserungen bieten, da es wegen seiner starken Verbreitung ein beliebtes Angriffsziel ist und nicht nur Firmen, sondern auch die Heimanwender stark darunter zu leiden haben]

Suche & Organisation

Windows Vista bietet mehr Flexibilität bei der Suche & Organisation Ihrer Dateien. Neue Steuerelemente, wie das Feld für die Schnellsuche und verbesserte Spaltenüberschriften, erleichtern die Darstellung von großen Datenmengen auf dem Bildschirm.

Desktopsuche

Unter Windows Vista müssen Sie sich nicht mehr merken, wo Sie einzelne Dateien gespeichert haben. Statt dessen müssen Sie sich zum Auffinden einer Datei nur noch eine dateibezogene Information merken, wie z. B. ein in einem Dokument enthaltenes Wort, den Sänger eines Lieds oder das Datum, an dem ein Foto geschossen wurde. Mit Hilfe leistungsstarker, integrierter Desktopsuchfunktionen können Sie nahezu alles auf Ihrem Computer schnell finden, ohne eine Ordnerstruktur durchsuchen zu müssen. Sie können beispielsweise im neuen Startmenü einfach einen Begriff, eine Wortfolge, eine Eigenschaft oder einen Teil eines Dateinamens in das integrierte Feld zur Schnellsuche eingeben, um sofort das gewünschte Element zu finden.

Um Suchen noch effizienter zu gestalten, ermöglicht Windows Vista das Hinzufügen oder Bearbeiten von Dateieigenschaften oder Daten, die mit einer Datei verknüpft sind, wie z. B. eines Schlüsselbegriffs für ein Dokument, den Sänger eines Lieds oder das Datum, an dem ein Foto gemacht wurde, damit Sie die entsprechende Datei künftig schneller finden können. Sie können beispielsweise Fotos, die bei einer Abschlussfeier gemacht wurden, den Schlüsselbegriff "Abschlussfeier" hinzufügen, wenn Sie diese auf dem Computer speichern. Wenn Sie später nach "Abschlussfeier" in "Schnellsuche" im Startmenü oder der Windows-Fotogalerie suchen, werden alle Fotos der Abschlussfeier angezeigt.

Suchordner

Windows Vista bietet die neue Funktion "Suchordner", welche die Suche & Organisation Ihrer Dateien unabhängig von deren Speicherort erleichtert. Ein Suchordner ist schlicht ein gespeicherter Suchvorgang. Durch Öffnen eines Suchordners wird die gespeicherte Suche sofort ausgeführt, woraufhin aktualisierte Ergebnisse unmittelbar angezeigt werden.

Sie können beispielsweise eine Suche nach allen Dokumenten einrichten, deren Autor "Johannes" ist und die das Wort "Projekt" enthalten. Diese Suche mit dem Titel" Autor - Johannes/Schlüsselbegriff - Projekt" wird als Suchordner gespeichert. Wenn Sie diesen Suchordner öffnen, wird die Suche ausgeführt, und die Ergebnisse werden sofort angezeigt. Wenn Sie auf dem Computer weitere Dateien hinzufügen, deren Autor "Johannes" ist und die das Wort "Projekt" enthalten, werden diese Dateien auch in dem Suchordner zusätzlich zu den anderen übereinstimmenden Dateien angezeigt, unabhängig von physischen Speicherort auf dem PC. Eine einfache und schnelle Methode.

[Bewertung: Auch bei der Suche hat sich das Team Microsoft sehr um Verbesserung bemüht, um es dem Benutzer noch einfacher zu machen, bestimmte Dateien wieder zu finden. Gerade die Erleichterung eine Suche abzuspeichern, wird den Benutzer freuen, da man eine bestimmte Suche nicht immer wieder durchführen muss. Es reicht dann einen gespeicherten Suchnamen einfach anzuklicken und schon wird die Suche erneut durchgeführt – sehr benutzerfreundlich]

Windows-Sidebar&Minianwendungen

Während Sie auf dem Computer auf immer mehr Informationen zugreifen, immer mehr Aufgaben erledigen und mit immer mehr Softwareanwendungen arbeiten, besteht die Gefahr, in der Informationsflut unterzugehen. Sie öffnen einen Webbrowser zum Überprüfen des Wetterberichts, eine Anwendung zum Anzeigen Ihres Kalenders und ein Rechenprogramm zum Addieren von Werten. Sie benötigen einfache, spezialisierte und ressourcenschonende Minianwendungen, die Informationen und Aufgaben blitzschnell zugänglich machen, ganz gleich, was Sie tun möchten.

Die Windows-Randleiste steigert Ihre persönliche Produktivität durch das Bereitstellen eines Sofortzugriffs auf so genannte Gadgets, eine Vielzahl interessanter, benutzerfreundlicher und anpassbarer Minianwendungen, die Informationen auf einen Blick und einen einfachen Zugriff auf häufig verwendete Tools bieten.

Minianwendungen

Minianwendungen können sich mit Webdiensten verbinden, um Wetterberichte, aktualisierte Nachrichten, Straßenkarten, Internetradio im Streamformat und eine Diaschau von Onlinefotoalben bereitzustellen. Minianwendungen können auch mit Ihren Anwendungen integriert werden, um die Interaktion mit diesen zu optimieren. Eine Minianwendung kann Ihnen beispielsweise auf einen Blick alle Instant Messaging-Kontakte anzeigen, die online sind, eine Tagesansicht Ihres Kalenders einblenden oder eine einfache Möglichkeit der Media Player-Steuerung bieten. Minianwendungen können beliebige Zwecke zugeordnet werden. Sie können als Rechner, Spiele, digitale Haftnotizen und vieles mehr dienen.

Microsoft Windows Vista enthält standardmäßig einen Ausgangssatz von Minianwendungen für die ersten Schritte mit dieser Technologie. Aus einer Onlinesammlung von Minianwendungen können Sie nach Wunsch weitere Minianwendungen herunterladen. Diese Sammlung enthält Minianwendungen von vielen verschiedenen Herstellern und bietet eine umfassende Auswahl zur Abdeckung Ihrer Interessen.

Windows-Sidebar

Die Windows-Sidebar ist ein seitlicher Bereich des Windows Vista-Desktops, in dem Sie Minianwendungen organisieren und den Zugriff auf diese erleichtern können. Die Windows-Sidebar ist die perfekte Ergänzung für Breitbildmonitore und funktioniert auch reibungslos auf Standardmonitoren. Sie können die Windows-Sidebar entsprechend Ihren Vorstellungen anzeigen - entweder stets im Vordergrund oder unterhalb maximierter Fenster. Sie können auch Minianwendungen aus der Windows-Sidebar an eine andere Stelle auf dem Desktop ziehen.

[Bewertung: Auch die Sidebar & Minianwendungen stellen ein viel versprechendes, benutzerfreundliches Feature dar. Sie helfen, um mehr Ordnung auf dem Desktop zu bringen. So kann man eine Vielzahl an häufig verwendeten Tools immer offen haben, die dann als Minianwendungen am Bildschirmrand stets aktiv sind und einen raschen Zugriff ermöglichen.]

Sicherung:

Die Systemwiederherstellung wurde unter Windows XP eingeführt, damit Benutzer ihre Computer in einen vorherigen Zustand zurückversetzen können, ohne persönliche Datendateien zu verlieren (wie z. B. Microsoft Office Word-Dokumente, Grafikdateien und E-Mail-Nachrichten). Für die Systemwiederherstellung müssen keine Systemsnapshots erstellt werden, da das System einfach erkennbare Wiederherstellungspunkte automatisch anlegt, mit deren Hilfe Sie Ihr System auf einen früheren Zeitpunkt zurücksetzen können. Wiederherstellungspunkte werden sowohl zum Zeitpunkt wichtiger Systemereignisse (z. B. bei der Installation von Anwendungen oder Treibern) als auch in regelmäßigen Abständen (täglich) erstellt. Sie können Wiederherstellungspunkte jederzeit erstellen und benennen.

Die Systemwiederherstellung unter Windows XP basiert auf einem Dateifilter, der Dateiänderungen für einen bestimmten Satz von Dateinamenerweiterungen überwacht und Dateien kopiert, bevor diese überschrieben werden. Wenn ein Problem auftritt, können Sie die Systemdateien und die Registrierung auf ein vorheriges Datum zurücksetzen, an dem das System bekanntermaßen ordnungsgemäß funktioniert hat.

Unter Windows Vista ermöglicht die Systemwiederherstellung eine Wiederherstellung nach einer größeren Vielfalt von Änderungen als unter Windows XP. Das Dateifiltersystem für die Systemwiederherstellung in früheren Versionen von Windows wurde durch eine neue Methode ersetzt. Wenn nun ein Wiederherstellungspunkt erforderlich ist, wird eine Schattenkopie einer Datei oder eines Ordners erstellt. Eine Schattenkopie ist im Wesentlichen eine frühere Version der Datei oder des Ordners zu einem bestimmten Zeitpunkt. Windows Vista kann Wiederherstellungspunkte automatisch oder nach Aufforderung erstellen. Wenn das System wiederhergestellt werden muss, werden Dateien und Einstellungen aus der Schattenkopie auf das aktive von Windows Vista verwendete Volume kopiert. Dadurch wird die Integration mit anderen Aspekten der Sicherung und Wiederherstellung verbessert und die Systemwiederherstellungsfunktion noch nützlicher.

Sicherung

Windows Vista unterstützt Sie bei der Sicherung von PC-Einstellungen, Dateien und Anwendungen zum gewünschten Zeitpunkt und am gewünschten Speicherort und bietet eine automatische Zeitplanung.

Windows Vista bietet eine umfassendere und auch benutzerfreundlichere Sicherungsumgebung als das einfache Sicherungsprogramm unter Windows XP. Das neue Feature "Sicherung" bietet mehr Optionen für das Speichern Ihrer gesicherten Informationen. Sie können Daten auf CD-ROM, DVD-ROM, einer externen Festplatte, die über USB oder IEEE 1394 am PC angeschlossen ist, einer anderen Festplatte im PC oder einem anderen mit dem Netzwerk verbundenen PC oder Server sichern.

Unter Windows Vista ist der Sicherungsvorgang auch einfacher als unter Windows XP. Sie müssen Datensicherungen nicht mehr manuell durchführen, da es jetzt einen einfachen Assistenten gibt, mit dem Zeitpunkt und Speicherort von Sicherungen geplant werden können.

Eine Sicherungsumgebung ist freilich nur so nützlich wie die dazugehörige Wiederherstellungsumgebung, deren Umfang und Nutzen unter Windows Vista erweitert wurde. Ein Assistent hilft bei der Auswahl der wiederherzustellenden Dateien und Ordner und fordert die Angabe von Wiederherstellungsmedien an. Anschließend werden die ausgewählten Dateien wiederhergestellt.

Volumeschattenkopien

Haben Sie schon einmal versehentlich eine Datei durch Speichern überschrieben, an der Sie gearbeitet haben? Das versehentliche Löschen oder Ändern von Dateien ist eine häufige Ursache von Datenverlusten. Mit "Volumeschattenkopie" bietet Windows Vista eine weitere innovative Funktion zum Schutz Ihrer Daten. "Volumeschattenkopie" erstellt automatisch zeitpunktabhängige Kopien von Dateien, an denen Sie arbeiten, damit Sie schnell und mühelos Versionen eines Dokuments abrufen können, das Sie ggf. versehentlich gelöscht haben.

[Bewertung: Auch bei der Absicherung der Daten wurde das Sicherungskonzept von Windows XP erweitert. Gerade Heimanwender testen oft neue vom Internet geladene Software oder Demoprogramme von Computerzeitschriften. Oft passiert es, dass nach der Installation nichts mehr geht und man den Vorgang wieder rückgängig machen möchte. In Windows Vista hat man nun die Möglichkeit solche Rücksprungpunkte selbst zu erzeugen, bevor man ein neues Programm testet. Zusätzlich unterstützt Windows Vista auch eine größere Auswahl an Optionen für das Speichern von Daten auf CD-Rom, DVD-Rom, einer externen Festplatte, wobei diese Speichermedien sowohl über USB, IEEE1394 oder über das Netzwerk angeschlossen sein können.]

• Zum Punkt: Unterstützung vieler Netzwerkplattformen gehören laut [Microsoft (2007) folgende Netzwerkfeatures.

Netzwerk

Windows Vista bietet neue Netzwerkfeatures, durch die ein Netzwerk einfacher eingerichtet und genutzt werden kann sowie sicherer und zuverlässiger wird. Sie können sich drahtlos mit dem Firmennetzwerk verbinden, eine Internetverbindung und Drucker gemeinsam mit anderen nutzen, Dateien zwischen Computern kopieren und Ihre Lieblingsunterhaltungsmedien in Ihrem Haushalt genießen. Ob zu Hause, in einem kleinen oder großen Unternehmen, Windows Vista erleichtert die Konnektivität, sodass Sie sich auf das Wesentliche konzentrieren können.

Netzwerkcenter

Windows Vista ermöglicht über das Netzwerkcenter eine zentrale Steuerung Ihrer Netzwerkumgebung. Das Netzwerkcenter informiert Sie über das Netzwerk, mit dem Ihr Computer verbunden ist, und prüft, ob eine Verbindung mit dem Internet hergestellt werden kann. Es zeigt diese Informationen als Zusammenfassung in der Netzwerkabbildung an, sodass Sie Ihre Konnektivität mit dem Netzwerk und Internet unmittelbar überprüfen können. Wenn ein PC im Netzwerk keine Verbindung zum Internet mehr hat, wird grafisch angezeigt, dass die Verbindung unterbrochen wurde. Mit Hilfe der Netzwerkdiagnose können Sie die Ursache des Problems bestimmen und einen Lösungsvorschlag erhalten.

Das Netzwerkcenter ermöglicht auch eine schnelle Verbindung mit anderen verfügbaren Netzwerken und das Einrichten gänzlich neuer Verbindungen. Sie können die meisten wichtigen Netzwerkeinstellungen zentral anzeigen und konfigurieren. Für Einstellungen, auf die seltener zugegriffen wird, stellt das Netzwerkcenter direkte Links bereit, damit Sie gesuchte Einstellungen einfach finden können.

Über das Netzwerkcenter können Sie sich von zu Hause auch einfach mit dem Netzwerk an Ihrem Arbeitsplatz verbinden.

Netzwerkinstallation

Unter Windows Vista ist das Einrichten eines Netzwerks zwischen mehreren PCs und Geräten (einschließlich Druckern, Musikwiedergabegeräten und Computerspielsystemen) einfach und intuitiv. Der Netzwerkinstallations-Assistent ermöglicht das Einrichten drahtgebundener und drahtloser Netzwerke, indem nicht konfigurierte Netzwerkgeräte identifiziert und dem Netzwerk hinzugefügt werden. Dieser Assistent automatisiert auch das Hinzufügen neuer Geräte zu Ihrem Netzwerk. Er erstellt automatisch sichere Netzwerkeinstellungen, um Ihr Netzwerk vor Eindringlingen zu schützen.

Netzwerkeinstellungen können auch auf einem tragbaren USB-Flash-Laufwerk gespeichert werden, um das Hinzufügen von PCs und Geräten zum Netzwerk zu beschleunigen und zu vereinfachen. Sie müssen nur das USB-Flash-Laufwerk mit einem PC oder Gerät verbinden, woraufhin dieser/dieses die Daten automatisch liest und sich darauf vorbereitet, dem Netzwerk beizutreten. Im Netzwerkinstallations-Assistenten kann auch die Datei- und Druckerfreigabe auf jedem PC aktiviert werden, damit Dokumente, Fotos, Musik- und andere Dateien im gesamten Netzwerk gemeinsam genutzt werden können.

Name, Vorname: Rachbauer Tamara

Netzwerk-Explorer

Nach der Einrichtung eines Netzwerks muss es möglich sein, die Inhalte vernetzter PCs, Geräte und Drucker zu durchsuchen. Der neue Netzwerk-Explorer unter Windows Vista erleichtert die gemeinsame Nutzung von Dateien und Ausnutzung der Konnektivität, die ein Netzwerk bietet. Er zeigt eine Ansicht aller PCs, Geräte und Drucker im Netzwerk und ist wesentlich schneller und zuverlässiger als die Funktion "Netzwerkumgebung" unter Windows XP. Im Netzwerk-Explorer können sogar benutzerdefinierte, kennzeichnende Symbole für verschiedene Geräte verwendet werden (falls vom Hersteller aktiviert). Sie können auch direkt mit ausgewählten Geräten interagieren, um beispielsweise Einstellungen anzupassen oder die Musikwiedergabe zu steuern.

Netzwerkabbildung

Wenn Benutzer über mehrere Computer und Geräte in einem Netzwerk verfügen und eine Kombination aus drahtlosen und drahtgebundenen Verbindungen vorhanden ist, kann es schwierig sein nachzuvollziehen, wie alle Komponenten miteinander verbunden sind. Windows Vista bietet das neue Feature "Netzwerkabbildung", das eine gut verständliche grafische Ansicht aller Komponenten im Netzwerk sowie deren Verbindungen miteinander anzeigt. Dadurch können Sie das Netzwerk für eine bestmögliche Leistung optimieren und Probleme schnell ausmachen.

Drahtlose Vernetzung

Windows Vista verbessert drahtlose Netzwerkumgebungen auf vielfältige Weisen. Dank des neuen Windows Vista-Features "Netzwerkerkennung" werden Ihre Anwendungen stets optimal auf sich ändernde Funktionsmerkmale des Netzwerks eingestellt. Darüber hinaus sind Ihre Daten durch die verbesserte Unterstützung der neuesten drahtlosen Sicherheitsprotokolle, wie z. B. WPA2, sicherer. Windows Vista hilft Ihnen, Verbindungen mit gefälschten drahtlosen Netzwerken zu vermeiden, die legitim zu sein scheinen, es tatsächlich aber nicht sind. Windows Vista bietet auch eine komfortable Möglichkeit zur Einrichtung drahtloser Ad-hoc-Netzwerke, um im Rahmen von Peer-to-Peer-Anwendungen Dateien gemeinsam zu nutzen oder zusammenzuarbeiten.

Netzwerkerkennung

Die Netzwerkerkennung ermöglicht das Melden von Änderungen an der Netzwerkkonnektivität an Anwendungen, um eine durchgängiger vernetzte Umgebung zu schaffen. Wenn Sie sich mit anderen Netzwerken verbinden, wird die Änderung an Anwendungen mit Unterstützung der Netzwerkerkennung übermittelt, die dann die entsprechenden Aktionen für Ihre Verbindung mit einem anderen Netzwerk ausführen können. Wenn Sie beispielsweise von Ihrem Heimnetzwerk zum Netzwerk Ihres Unternehmens wechseln, können Firewalleinstellungen so konfiguriert werden, dass die benötigten Ports geöffnet werden, die eine Verwendung von IT-Verwaltungstools zulassen. Das Feature "Gruppenrichtlinie" erkennt die erneute Verbindung mit dem Unternehmensnetzwerk und beginnt automatisch mit der Verarbeitung von Richtlinienänderungen, anstatt den nächsten Erkennungszyklus abzuwarten.

[Bewertung: Windows Vista unterstützt wie schon sein Vorgänger Windows XP zahlreiche Netzwerkplattformen. Das Einrichten von Netzwerken funktioniert nun viel intuitiver durch den Netzwerkinstallations-Assistenten nicht nur unter PCs, sondern auch mit anderen Geräten wie Druckern, Musikwiedergabegeräten und Computerspielsystemen. Der Netzwerkinstallations-Assistent ermöglicht das Einrichten drahtgebundener und drahtloser Netzwerke. Nicht konfigurierte Netzwerkgeräte werden von diesem identifiziert und dem Netzwerk hinzugefügt, er automatisiert auch das Hinzufügen neuer Geräte zu Ihrem Netzwerk und erstellt automatisch sichere Netzwerkeinstellungen. Eine bessere Übersicht über die vernetzten Geräte ermöglicht die Netzwerkabbildung. Und die Netzwerkerkennung unterstützt beim Verbinden mit anderen Netzwerken. Der Netzwerkexplorer unterstützt bei der gemeinsamen Nutzung von Daten. Auch die drahtlose Verbindung wurde verbessert, die neuesten drahtlosen Sicherheitsprotokolle werden unterstützt. Und all diese Features können zentral über das Netzwerk Center verwaltet werden. Also gerade in Sachen Netzwerk eine deutliche Verbesserung und Erleichterung vor allem für den Heimanwender.]

• Zum Punkt: Multimedia-Unterstützung gibt es laut [Microsoft (2007)] folgende Features

Windows-Fotogalerie

Die Windows-Fotogalerie unter Windows Vista bietet zahlreiche Tools für Ihre digitalen Fotos und Videos. Sie können Ihre Fotos und Videos organisieren, suchen und anzeigen sowie diese in der Windows-Fotogalerie bearbeiten, drucken und freigeben. Die Windows-Fotogalerie vereinfacht auch durch einen einfachen Importprozess das Übertragen von Fotos von Ihrer Kamera auf den Computer.

Windows Media Player

Windows Media Player 11 für Windows Vista verbessert die Wiedergabe und Verwaltung Ihrer digitalen Musik-, Video- und Bilddateien auf Ihrem PC. Sie können Ihre digitalen Medien nach Ihrem Belieben anzeigen lassen: angeordnet nach dem CD-Cover oder in Listen. Sie können Verbindungen mit vernetzten Medienwiedergabegeräten in Ihrem Haushalt herstellen oder eine Synchronisierung mit Ihrem tragbaren digitalen Player durchführen, um sich dort unterhalten zu lassen, wo Sie gerade sind. Der Windows Media Player sieht jetzt besser aus, kann einfacher bedient werden und bietet sowohl auf dem Computer als auch in Haus und Wohnung ein tolles audiovisuelles Erlebnis.

Medienbibliothek

Die Medienbibliothek in Windows Media Player wurde aktualisiert, um die Verwaltung und Wiedergabe Ihrer digitalen Unterhaltungsmedien zu optimieren. Durch anpassbare Albumcover und sich überlagernde Ansichten Ihrer Musiksammlung in Kombination mit verbesserten Künstler-, Titel- und CD-Informationen können Sie Ihre gesamte Musiksammlung auf dem neuesten Stand halten. Optimiert für die Verwaltung großer Musiksammlungen und mit neuen Features wie der neuen Schnellsuche zum Auffinden der gewünschten Informationen, ermöglichen Medienbibliothek und Windows Media Player stets eine optimale Audio- und Videowiedergabe. Sie können sogar von der Xbox 360 aus auf die Windows Media Player-Bibliothek zugreifen, um überall in Haus oder Wohnung Musik zu hören oder den ultimativen Spielsoundtrack zu erstellen.

Windows Movie Maker

In der neuen Version von Windows Movie Maker unter Windows Vista können Sie alle Ihre digitalen Heimvideos schnell und einfach importieren, schneiden und organisieren. Sie verfügen nun über neue Tools zum Verwalten und Schneiden von Videos wie ein Hollywood-Regisseur, wie z. B. neue Effekte, Übergänge, verbesserte Grafikleistung und Unterstützung für High-Definition-Video. Wenn ein Film Ihren Vorstellungen entspricht, können Sie ihn einfach auf DVD brennen, um ihn anderen zu zeigen.

Windows Media Center in Windows Vista

Über das Menüsystem und die Fernbedienung von Windows Media Center können Sie Ihre bevorzugten digitalen Unterhaltungsmedien, wie z. B. Live- und aufgezeichnete Fernsehprogramme, Filme, Musik und Bilder, genießen. Das Windows Media Center in Windows Vista bietet Weiterentwicklungen für eine erweiterte Unterstützung vom digitalem und HD-Kabelfernsehen, ein verbessertes Menüsystem und neue Möglichkeiten der Wiedergabe von Unterhaltungsmedien zu Hause sowie neue Optionen für den Zugriff aus mehreren Räumen auf Ihre Unterhaltungsmedien über Media Center-Erweiterungen, einschließlich Xbox 360.

Digitale Unterhaltung zu Hause

Dank des Windows Media Center in Windows Vista ist es so einfach wie nie zuvor, Ihre sämtlichen digitalen Unterhaltungsmedien mit Hilfe der Maus und Tastatur oder einer Fernbedienung auf Ihrem PC oder Fernseher zu suchen, wiederzugeben und zu verwalten.

Da sich Fernseher und Computermonitore in Richtung Breitbildschirme und High-Definition-Bildschirme entwickeln, wurde das Windows Media Center in Windows Vista optimiert, damit Sie Fotos, Filme und Fernsehprogramme zu Hause besser als je zuvor genießen können.

Sie können Ihre digitalen Unterhaltungsmedien auf vielfältige Weisen organisieren, um das gewünschte Element besser finden und anzeigen zu können. Durch Optionen wie Miniaturansichten können Sie bei der Suche nach CDs, Fotos, Filmen oder TV-Programmen das gewünschte Objekt schneller bestimmen. Und beim Durchsuchen der Unterhaltungsoptionen im Windows Media Center müssen Sie die aktuelle Anzeige nicht unterbrechen. Sie können durch die Media Center-Menüs navigieren und dabei weiter den Film, das TV-Programme oder die Fotos auf dem Bildschirm verfolgen bzw. betrachten.

Mit dem Windows Media Center in Windows Vista können Sie alle Ihre digitalen Unterhaltungsformen nicht nur auf dem PC genießen, sondern mit Hilfe von Media Center-Erweiterungen auch auf bis zu fünf weiteren PCs oder Fernsehern. In die Xbox 360 ist eine Windows Media Center-Erweiterung integriert, sodass Sie in Ihrem Heimnetzwerk über dieselben Windows Media Center-Menüs eine völlig neue Unterhaltungsumgebung schaffen können. Die Windows Media Center-Erweiterungen ermöglichen, dass Sie den PC im Büro lassen können und Ihre Musik, Fotos, Filme und Fernsehprogramme überall im Haus über die erweiterten Media Center-Menüs wiedergeben können.

Computerspiele

Als Elternteil verfügen Sie nun über zahlreiche Instrumente, die sicherstellen, dass Ihre Kinder nur Spiele spielen, die Sie für geeignet halten. Sie können den Zugriff Ihrer Kinder auf Spiele nach dem Spielnamen, der Einstufung, der Kategorie oder dem Inhalt zulassen oder verweigern. Windows Vista unterstützt sechs internationale Einstufungsstandards und erleichtert Eltern die Verwaltung und Überwachung des Spielerlebnisses ihrer Kinder.

Einfacher Zugriff auf alle Spiele

Windows Vista bietet Weiterentwicklungen, dank denen Sie Ihre Computerspiele einfacher starten, spielen und verwalten können. Der Ordner "Spiel" befindet sich nun direkt im Startmenü und enthält eine übersichtliche Liste aller gegenwärtig auf dem PC gespeicherten Spiele. Miniaturansichten für jedes Spiel bieten einen Schnellzugriff auf das gewünschte Spiel und enthalten auch detaillierte Informationen, wie z. B. Hersteller und Entwickler, Zeitpunkt des letzten Spiels, Version, Datum der Veröffentlichung, Genre und Einstufung. Die Universal-Controller-Unterstützung ermöglicht, dass Sie denselben Controller für sowohl Ihren PC als auch Ihre Xbox 360 verwenden können.

[Bewertung: In Windows Vista findet man zahlreiche Features für eine starke Multimediaunterstützung, die jedem Heimanwender Freude bereiten wird. Die Features sind zum Teil alte Bekannte wie der Windows Media Player, nun aber wieder in einer neuen Version und damit verbessert. Zum Teil gibt es aber auch zahlreiche neue Tools, die für den Heimanwender ausgelegt sind wie den Windows Movie Maker, das Fotoalbum, das Windows Media Center mit starker Spezialisierung auf digitale Unterhaltung am PC und am Fernseher, sozusagen als Vorbereitung auf den Wohnzimmer PC. Auch bei Computerspielen wurde auf eine bessere Zusammenarbeit mit der XBox 360 Wert gelegt und zur Freude der Eltern auch noch eine Kontrollfunktion eingebaut, die es ihnen ermöglich, Spiele auf Gefährlichkeit einzustufen und den Kindern damit den Zugriff zu verweigern]

• Zum Punkt: Mehrbenutzerfähigkeit:

ja, alle Versionen von Windows ab Windows 2000 bieten Mehrbenutzerfähigkeit

• Zum Punkt: Unterstützung von möglichst vielen Peripheriegeräten und

Auch die Unterstützung von Peripheriegeräten wird hoch angelobt – 16000 mitgelieferte Treiber. Und zahlreiche weitere Treiber sind kostenlos über das Update und die Microsoft Seite verfügbar.

[Bewertung: Die automatische Erkennung von Peripheriegeräten und damit die automatische Installation der mitgelieferten Treiber war unter Windows 2000 und Windows XP schon eine feine Sache. Zum Teil musste man sich nur ärgern, weil ältere Hardware nicht mehr unterstützt wurde und man sich plötzlich einen neuen Scanner kaufen musste, weil es für den alten unter XP keine Treiber mehr aufzufinden gab. Mal sehen, was einen unter Windows Vista so erwartet.]

Apple Mac OS X Tiger

Laut [Apple: 2007] ist Mac OS X Tiger das revolutionärste Betriebssystem, das sowohl privat wie auch für die Arbeit der ideale Begleiter ist:

• *Zum Punkt Mehrbenutzerfähigkeit*

Mac OS X ist ein echtes Mehrbenutzersystem.

• *Zum Punkt Gute Benutzerführung, Übersichtlichkeit bei der Verwaltung der vom Benutzer erzeugten Daten*

Suchtechnologie:

Tiger umfasst Spotlight, die rasant schnelle Suchtechnologie, die jeden Winkel Ihres Mac durchleuchtet und Suchergebnisse bereits während der Eingabe anzeigt. Suchen und finden kann man alles auf dem gesamten System: Dateien, E-Mails, Kontakte, Bilder, Filme, Kalender und Programme werden umgehend angezeigt. So wie man Songs in iTunes anhand des Titels, Interpreten oder Albums finden kann, so bietet Spotlight weit mehr als nur Dateinamen und Speicherorte: Man kann alle Metadaten in den Dateien finden – Attribute wie "was", "wann" und "wer" aller auf dem Mac abgelegten Informationen. Dazu gehört z.B. die Art des Inhalts, der Verfasser, die Bearbeitungsstatistik, Format, Größe und viele weitere Details.

Mühelose Verwaltung

Da Spotlight direkt in den Kern von Mac OS X integriert ist, werden die Ergebnisse automatisch aktualisiert, sobald Dateien geändert werden. Somit bieten sich damit vielfältige neue Möglichkeiten für die Verwaltung. Die Suchergebnisse können beispielsweise als intelligente Ordner gesichert werden, die sich automatisch aktualisieren.

Informationen mit Dashboard

Das neue Dashboard stellt praktische Miniprogramme bereit, die auch als Widgets bezeichnet werden. Diese werden sofort angezeigt und versorgen mit aktuellen Informationen aus dem Internet, z.B. Aktienkurse oder den aktuellen Wetterbericht,

Informationen über Flugdaten, es ist möglich Währungen und Maßeinheiten umzu-
rechnen oder nach Unternehmen in den Gelben Seiten zu suchen. Das Dashboard
wird durch Drücken einer Funktionstaste auf dem Schreibtisch eingeblendet. Die be-
liebtesten Widgets stellen blitzschnell aktuellste Informationen bereit und werden e-
benso schnell und einfach wieder ausgeblendet, sodass man sich wieder anderen
Aufgaben zuwenden kann.

**[Bewertung: Der Mac bietet zur Unterstützung der Benutzerführung, und
Übersichtlichkeit bei der Verwaltung der vom Benutzer erzeugten Daten ähn-
liche Tools wie Windows Vista. Z.B. die Suchtechnologie oder die Minianwendungen, die beim Mac als Dashboard integriert sind. Beim Mac ist aber
im Gegensatz zu Windows Vista dieses nur durch Drücken einer speziellen
Tast wieder sichtbar am Schreibtisch vorhanden.]**

*• Zum Punkt Unterstützung von möglichst vielen Peripheriegeräten und Un-
terstützung vieler Netzwerkplattformen.*

Kommunikation auf allen Ebenen

Mit Tiger wird der Mac zum Kommunikations-Hub. Safari RSS für Tiger findet automatisch RSS-Feeds und zeigt diese an. Mail und das Adressbuch nutzen die Spotlight Technologie, um bei der Verwaltung Ihrer Kontakte und Korrespondenz zu unterstützen. Und mit iChat AV kann man Videokonferenzen oder Audio-Chats mit
Freunden und Kollegen abhalten oder Telegramme senden. Mit einem .Mac Account
kann man alle Konnektivitätsvorteile von Tiger optimal nutzen. Man erhält damit i-
Disk Massenspeicher, eine mac.com E-Mail-Adresse, eine eigene Web-Seite und leistungsstarke Funktionen für die Synchronisierung.

Perfekte Zusammenarbeit

Ein weiterer Pluspunkt von Mac OS X Tiger: bessere Kompatibilität als jedes andere
Betriebssystem. Man kann Dateien gemeinsam mit Windows Benutzern verwenden,
Verbindungen zu jedem Netzwerk herstellen und mithilfe der Bonjour Technologie
mit anderen Macintosh Computern kommunizieren. Auch bei unterschiedlichen Benutzern erweist sich Mac OS X Tiger als äußerst kompatibel. VoiceOver und die

Funktion "Bedienungshilfen" unterstützen Menschen mit Behinderungen bei der Nutzung eines Computers, während Mac OS X für Familien Eltern mehr Möglichkeiten an die Hand gibt, die Computernutzung durch ihre Kinder zu steuern. Und dank der stabilen UNIX Grundlage besitzt Tiger auch eine leistungsstarke Sicherheitsarchitektur, die Daten vor neugierigen Blicken schützt.

Game Sprockets:
Technologien, die die Entwicklung von Spielen beschleunigen und sicherstellen, dass sie zahlreiche Peripheriegeräte unterstützen.

[Bewertung: Der Mac bietet kompromisslose Kompatibilität mit anderen Betriebssystemen, sogar zu Windows Benutzern, und Verbindungen zu jedem Netzwerk. Ebenso ist auch die Unterstützung von Menschen mit Behinderungen sehr erwähnenswert.]

ZumPunkt Multimedia-Unterstützung, und breite Unterstützung von Anwendungsfeldern für Anwendungsprogramme durch speziell mitgelieferte bzw. integrierte Software:

Kino am Computer genießen

HD-Videos direkt am Computer genießen - mit Mac OS X Tiger und QuickTime 7. In QuickTime 7 ist H.264 integriert, ein höchst effizienter, vollständig skalierbarer Video-Codec, der eine beispiellose Videoqualität bei bemerkenswert geringen Datenraten liefert. Das Ergebnis sind damit brillante Videos bei wesentlich kleineren Dateien als bisher. Bei Aktualisierung auf QuickTime 7 Pro, kann man eigene Filme aufnehmen. Man kann sich Lieblingsfilme einfach mit dem integrierten Programm " DVD Player " ansehen, das jetzt über neue Navigationsmöglichkeiten, verbesserte Steuerelemente und unterhaltsame Extras verfügt, die mit dem privaten DVD-Player durchaus mithalten können. Dank Mac OS X und der leistungsstarken Core Video Engine eröffnen sich völlig neue Perspektiven. Quartz 2D Rendering sorgt dafür, dass jedes Steuerelement und jedes Menü auf dem Bildschirm hervorragend aussieht. Die Videofunktionen von Mac OS X kann man in kreativer Weise nutzen - mit intuitiven und doch leistungsstarken Programmen wie <u>iMovie HD</u>, <u>iDVD</u>, <u>Final Cut Express HD</u> und die Emmy prämierte <u>Production Suite</u>.

Musik am Computer genießen

Mac OS X Tiger und die <u>Core Audio</u> Technologie stellen ein virtuelles Studio mit beispielloser Leistung und Benutzerfreundlichkeit bereit. Dieses Team bildet die Grundlage für hochwertige Audio- und Musikprogramme der nächsten Generation, die von innovativen Entwicklern konzipiert werden. Komponieren mit <u>Garage Band</u>. Musik Hören mit <u>iTunes</u>. Oder mit <u>Logic Pro 7</u>, dem industrieweit führenden Programm für die Musikerstellung und Audioproduktion, musikalisch gesehen ins Profi-Lager wechseln. Standardmäßige Audiogeräte wie MIDI-Keyboards lassen sich ganz einfach per Plug&Play hinzufügen.

Bessere Bilddarstellung

Mit <u>Core Image</u> ist eine fortschrittliche Technologie für die Bildbearbeitung in Tiger integriert. Dank Core Image wird aus dem Mac eine virtuelle Leinwand, die eine noch nie da gewesene Leistung und Präzision bietet. Und mit <u>ColorSync</u> profitiert man von einem Höchstmaß an kreativer Kontrolle über <u>Farben</u>. In jeder Phase des Workflows - von der Aufzeichnung über die Bearbeitung bis hin zur endgültigen Ausgabe – hat man alles perfekt im Griff. Darüber hinaus enthält Mac OS X mit " <u>Digitale Bilder</u> " ein weiteres nützliches Programm. Damit wird beim Übertragen von Bildern von einer Digitalkamera oder einem Scanner, in jedes Bild ein Profil eingebettet, sodass man bei jedem Bild einen perfekten Ausgangspunkt für die Bearbeitung erhält. Auch bei der endgültigen Druckausgabe überzeugt Mac OS X durch höchste Leistung. Mit dem <u>Drucksystem</u> von Tiger erhält man an einem zentralen Ort sofort Zugriff auf die am häufigsten verwendeten Druckereinstellungen. Zudem wird der Umgang mit PDF-Dokumenten deutlich verbessert. Mit dem Programm " <u>Vorschau</u> " werden PDF-Dateien schneller geöffnet und angezeigt. Außerdem werden Ergebnisse bei der Textsuche schon während der Eingabe angezeigt.

Schneller arbeiten

Es spielt keine Rolle, welche digitalen Medien: Mac OS X Tiger bietet Technologien, mit deren Unterstützung Audiomaterial, Video und Ausdrucke schneller als je zuvor erstellbar sind. Mac OS X enthält Quartz Extreme, eine optimierte Quartz Engine, die dabei hilft, das Leistungspotenzial von OpenGL noch besser nutzen zu können. OpenGL ist ein offener Standard für die Visualisierung von 3D-Formen und - Texturen, der für das industrieweit erste hardwarebeschleunigte Compositing sorgt und so die Gestaltung von Texten, Grafiken und Videos deutlich schneller macht. Dank der optimierten Implementierung von OpenGL stellt Tiger eine beispiellose Grafikleistung bereit. Mit Mac OS X steht das ideale System für 3D-Animationen und Spezialeffekte zur Verfügung, ganz unabhängig davon, ob man den Mac nun für Spiele, CAD/CAM oder wissenschaftliche Visualisierungen einsetzen will.

[Bewertung: Der Mac war schon immer stark auf Multimedia ausgerichtet. Die vorgestellten Features gleichen zum Teil den neuen Features von Windows Vista. Der Mac OS X Tiger bietet weitaus mehr Multimediaunterstützung in Form von speziellerer Software für Video und Audio getrennt. Bei Windows Vista übernimmt diese beiden Aufgaben der altbekannte Windows Media Player in seiner neuesten Version. Dennoch gibt es Player, die weitaus besser geeignet sind. Bei Mac OS gibt es eine eigene Core Video Engine und eine spezielle Core Audio Technologie und auch zwei getrennte Player für Audio und Video. Ebenso sollte man auch die Core Image Technologie nicht unerwähnt lassen, die die Bildbearbeitung verbessert.]

Name, Vorname: Rachbauer Tamara

Literaturverzeichnis

Apple: (2007): Mac OS X Tiger

http://www.apple.com/de/macosx/tiger/

Debian (2001): Debian Multimedia Distribution angefangen, In: Debian, Stand: August 2001 (abgerufen am 21.Jänner 2001)

http://www.debian.org/News/2001/20010801.de.html

Microsoft (2007): Windows Vista – Die Features

http://www.microsoft.com/germany/windows/windowsvista/features/default.mspx

Prof. Dr. Pluemicke (2003): Multiprogrammierung und Timesharing, In: BA Berufsakademie Stuttgart Außenstelle Horb, Stand: Mai 2003, (abgerufen am 20.Jänner 2007),

http://www.ba-horb.de/~pl/ISBSMI2001/html/node11.html

Wikipedia (2007): Artikel: „Multitasking", In: Wikipedia: Die freie Enzyklopädie, Stand: 10.Jänner 2007, (abgerufen am 22. Jänner 2007)

http://de.wikipedia.org/w/index.php?title=Multitasking&oldid=26235312

Wikipedia (2007 a): Artikel: „Multithreading (softwareseitige)", In: Wikipedia: Die freie Enzyklopädie, Stand: 22.Jänner 2007, (abgerufen am 22. Jänner 2007)

http://de.wikipedia.org/w/index.php?title=Multithreading_%28softwareseitig%29&oldid=26757990

Wikipedia (2007 b): Artikel: „BeOS", In: Wikipedia: Die freie Enzyklopädie, Stand: 19.Jänner 2007, (abgerufen am 22. Jänner 2007)

http://de.wikipedia.org/w/index.php?title=BeOS&oldid=26627503

Wikipedia (2007 c): Artikel: „ZETA", In: Wikipedia: Die freie Enzyklopädie, Stand: 18.Jänner 2007, (abgerufen am 22. Jänner 2007)

http://de.wikipedia.org/w/index.php?title=ZETA&oldid=26611005

Wikipedia (2007 d): Artikel: „Linux", In: Wikipedia: Die freie Enzyklopädie, Stand: 18.Jänner 2007, (abgerufen am 22. Jänner 2007)

http://de.wikipedia.org/w/index.php?title=Linux&oldid=26568263

Wikipedia (2007 e): Artikel: „Windows XP Media Center Edition", In: Wikipedia: Die freie Enzyklopädie, Stand: 17.Jänner 2007, (abgerufen am 22. Jänner 2007)

http://de.wikipedia.org/w/index.php?title=Windows_XP_Media_Center_Edition& oldid=26549492